I0750072

FERNANDO CELIS

EL CICLO DEL EXITO

Reloaded: Versión Actualizada 2008

© 2008 Fernando Celis

ISBN 978-0-6152-1170-1

Serie El Ciclo del Exito

www.fernandocelis.com

Su opinión es importante para nosotros, comparta sus comentarios sobre éste libro a través de nuestro correo electrónico: fernandocel@gmail.com.

Dedicado a mi más grande héroe:
mi hijo Fer

Introducción

Bienvenidos a un viaje hacia el desarrollo personal y profesional. Durante más de 15 años me he dedicado a la aplicación, investigación y validación de tecnología de éxito. En este tiempo he logrado alcanzar metas, sueños, enfrentando adversidad, y comprendiendo las lecciones del fracaso, para manejar inteligentemente los recursos que se me han manifestado.

Esta pasión por conocer las distinciones que marcan una vida de éxito, me ha llevado a conocer y a estudiar muchas personalidades –en las artes, los negocios y el deporte– para comprender aún más lo que hace falta para cumplir un propósito de vida llena de paz y satisfacción.

Mi intención es compartir estas lecciones con usted, y contribuir de alguna manera a un cambio positivo y emocionante. El CICLO DEL ÉXITO se trata de usted. De cómo maneja las subidas y bajadas de su vida. Se trata de guiarle a través de las experiencias de muchos otros que han logrado realizar sus sueños. De cómo estas personas lograron la riqueza, la felicidad, la paz y la energía y de cómo usted también lo puede lograr.

Permítame compartir con usted las herramientas necesarias para cambiar su vida, transformando la manera que percibe la realidad y asfaltando el camino a una existencia extraordinaria. Esta es la fusión de las herramientas de transformación más efectiva al alcance de todos nosotros. Lo llamo CICLO DEL ÉXITO.

¡Bienvenido!

INDICE

1
La llamada a la aventura

"Mientras más alto es el riesgo, más grande es la recompensa"

EL CAMINO al éxito comienza siempre con un paso: la firme decisión de aceptar que existe algo más que desea atraer a su vida. Las historias de héroes siempre nos muestran a una persona común que súbitamente recibe una "llamada a la aventura":

> Luke Skywalker recibe un mensaje del robot androide R2D2, decide ir a unirse a las fuerzas rebeldes.
>
> NEO recibe un mensaje de Internet, decide tomar la píldora roja y luchar contra los creadores del Matrix.
>
> Peter Parker es picado por una araña radioactiva, decide luchar por el bien.
>
> Rocky Balboa es seleccionado para pelear con el campeón mundial, decide aguantar 15 rounds ante el campeón mundial.

La lista continúa. Usted ha seleccionado leer este libro y está aceptando también, como antes lo hicieron miles de otros "héroes", su llamado a la aventura!

¿Cuáles son las reglas del camino?

¿Cómo podemos operar para que cada paso sea efectivo y nos acerquemos cada día a nuestra meta?

Trabajando con ¡PASIÓN!

Pasión

Pasión es vivir con la intensidad producida por las emociones de entusiasmo, energía, euforia, escape, enganche, empoderamiento y estimulación. Vivir alineado con una meta APASIONANTE logra rescatar recursos para dar, amar, crear y creer más.

¿Por qué es tan difícil, para muchas personas, definir su verdadera pasión en la vida?

Porque hemos sido acondicionados desde pequeños a rechazar aquello que soñamos. Nos venden la idea que seguir nuestra pasión es irnos por un camino oscuro. Antes de cumplir los 18 años las personas habrán escuchado la palabra NO más de 180.000 veces!

Se nos enseña a confiar en el juicio de otros. Creamos dependencias y buscamos la aprobación de los demás. Aprendemos a sentirnos inadecuados y el resultado es seguir un camino "seguro", un camino carente de pasión.

La pasión que nos envolvía cuando niños, esa chispa de curiosidad hacia la aventura desaparece. Cuando niños, nuestro instinto nos induce a crecer, a subir, a escalar, a volar. Una de las metáforas que cargamos de adulto viene de momentos cuando, de niño, trepábamos a los árboles y recibíamos un mensaje imperativo de: "¡BAJATE DE AHÍ QUE TE VAS A CAER! ¡NO SUBAS MAS!" Esto se amplificaba si después recibíamos un castigo. Después nos extrañamos porque no escalamos posiciones en nuestras vidas. Nos desarrollamos a ser seres llenos de temor. Temor a lo desconocido. Temor a aquello que la vida nos lance de forma inesperada. Temor a aceptar el llamado a la aventura. Temor a vivir en libertad.

El famoso empresario John Crow dijo:

> ...el infierno es la persona que eres, conociendo a la persona que podrías haber sido. Si sigues viviendo de la misma forma que lo estás haciendo ahora, por 10 años más, estarás encarando tu propio infierno.

¡Otórguese permiso para cambiar! Todos poseemos las capacidades, recursos, y herramientas para generar pasión, es selección libre. El momento es ahora, más que nunca. Tenemos el privilegio de vivir en una época de muchos cambios. Cada año existen más recursos para mejorar nuestra calidad de vida.

Busque su pasión en las cosas que más disfruta. Si utiliza su buen juicio para ejercitar la pasión de forma responsable podrá beneficiarse de los siguientes resultados:

- **Realización personal:** Lograr conseguir un vehículo de éxito basado en lo que le apasiona le garantiza una vida sin "trabajo". Todas sus acciones van en pro de contribuir con su proyecto de vida.
- **Energía y entusiasmo:** Entusiasmo viene de la raíz "lleno de dios", cuando se entrega a la pasión le vendrán ideas, encuentros, casualidades, es la fuerza del universo conspirando para lograr su propósito.
- **Desempeño óptimo:** Es en los momentos que la pasión le absorbe cuando trabaja al máximo de sus recursos, cada experiencia es única, es definitiva, tiene un fin bien definido.

- **Vivir sin arrepentimiento:** En el ocaso de su vida podrá ver atrás y observar cómo su trabajo produjo un impacto positivo en usted y en aquellos que ama.

Ya ha aceptado su llamado a la aventura. **Comencemos el camino.**

El historiador Joseph Campbell, investigador eterno de los mitos del héroe y colaborador de George Lucas y su saga La guerra de las galaxias nos dice:

> "...creo que lo que buscamos es la experiencia de sentirnos vivos, para que nuestras experiencias de vida en el plano físico tengan resonancia con nuestro ser interior para sentir el inmenso placer de la vida"

Su viaje comienza ahora. Anote en esta página aquellas actividades que le proporcionan: **emoción - enganche - estimulación - energía - euforia - empoderamiento.**

___

___

___

___

___

___

___

___

___

___

___

Estas actividades son aquellas que realiza con PASIÓN. Obsérvelas bien porque serán una base para construir su CICLO DEL ÉXITO.

Su punto de partida. Saber dónde se encuentra

La mejor forma de comenzar su aventura hacia el descubrimiento y desarrollo personal es definiendo dónde se encuentra para así elaborar el mapa hacia dónde quiere llegar. Las personas que han alcanzado el éxito han tenido que hacer correcciones notables en sus puntos débiles al ir creando su destino.

Lo que muchos no conocen es que estas personas han pasado por muchos retos. Han tenido que encarar sus temores y pasar por situaciones de dolor y fracaso, cerrar ciclos y comenzar de nuevo, pero han perseverado hasta lograr su objetivo.

El éxito requiere confiar que existe una fuerza más grande y utilizar la paz que otorga esta fuerza para construir una vida plena de satisfacción. Aceptar cambios significa lidiar con problemas que aparecen en el camino. Problemas que generarán soluciones para convertirnos en personas más fuertes y más sabias.

- ¿Qué es lo que nos mantiene dentro de una zona de confort alejándonos de nuestros sueños?
- ¿Qué es lo que nos aleja del camino de la pasión y de las metas personales?
- ¿Cuál es la fuerza que nos convence que una vida sin pasión es la que merecemos?

Muy simple: ¡EL MIEDO!

Miedo al cambio, miedo al fracaso, y miedo al éxito

Nos han vendido la idea que todo aquello que nos sucede es culpa de algo o alguien fuera de nuestro control.

Todos podemos diseñar la vida que queremos alineado con un propósito esencial, sin embargo, las percepciones basadas en el miedo harán que usted no desee tomar acción, regresando a su zona inicial de confort, la muerte de la pasión.

Todos tenemos una zona que representa **el presente de nuestra historia,** esta la llamo tu REALIDAD, representada en el gráfico por "**R**", note que R está rodeado por un círculo, es la burbuja donde tu te desenvuelves. Allí están todos tus logros, trabajos, relaciones, cosas y procesos. Tú te desenvuelves cómodamente hasta el límite de la burbuja. Más allá está lo desconocido, está el mundo del cambio, de lo incierto, el mundo mágico del aventura que llama al héroe. Al final de ese camino esta su destino final, el que usted diseñará bajo tus propios términos, ese es tu VISION, representada en el gráfico por "**V**".

Muchas personas sienten preocupación al avanzar hacia nuevas posibilidades. Dudan de sus habilidades y recursos para sobrellevar los retos en el camino. El peor escenario, fracaso, se proyecta como una película en sus mentes para amplificar y confirmar sus miedos. El miedo genera la duda, la duda produce una pérdida de confianza, de certeza.

Debajo de esa capa de miedo, de temor, existen otras fuerzas, inconcientes, que constantemente nublan el enfoque hacia tu Visión, estos enemigos internos a vencer son tus enemigos a vencer en su historia como héroe.

No se puede ser creativo en un estado de miedo. La creatividad es necesaria para generar soluciones. Repentinamente, el miedo le paraliza dejándole inmóvil, a merced del ambiente y las situaciones alrededor suyo. El resultado es una fuga de energía.

La solución a esto, lo que lo impulsará adelante, es el coraje. La capacidad de generar certeza combinado con la fe en la existencia de una fuerza más grande, a pesar del miedo. Es confiar en la claridad de su visión de vida, y hacer lo que se tenga que hacer por romper su barrera de resistencia en R y tomar el salto al mundo mágico del cambio y la incertidumbre.

Los cambios generan problemas, los problemas generan soluciones, las soluciones generan crecimiento.

Cuando aprenda a ver la vida como una serie de ciclos, cuando comprenda los principios que lo conectan a su CICLO DEL PODER, entonces los "fracasos" se convierten en puntos de alerta, experiencias de aprendizaje y elementos esenciales en su crecimiento.

Sin coraje no hay crecimiento.

¿Tiene usted el coraje de asumir su propia grandeza, cada momento, en la persecución de sus sueños?

Al avanzar a pesar del miedo, la ansiedad se reduce y la creatividad surge llenándole de soluciones y posibilidades para manejar los problemas y retos. Como "pasionauta" que ha respondido a la llamada de la aventura, siempre será atraído hacia un nuevo nivel, y si no toma el paso por si mismo, la vida lo hará por usted.

El otro lado del miedo al fracaso es el miedo al éxito. Muchas personas, con el potencial de lograr vidas extraordinarias temen la responsabilidad y el poder del éxito.

"Gran poder implica gran responsabilidad"

Fuente: La película El hombre araña

a donde quieres llegar?

qué te está **deteniendo?**

Los sentimientos de valor acerca de si mismos están distorsionados y muchos sienten que no merecen tanta felicidad. La guía espiritual Marianne Williamson, en su libro Retorno al Amor dice:

> "...nuestro miedo más profundo no es que seamos inadecuados. Nuestro miedo más profundo es que somos poderosos más allá de lo posible. Es nuestra propia luz y no la oscuridad que nos asusta. Nos preguntamos,
>
> ¿quién soy yo para ser brillante, hermoso, talentoso, fabuloso? En realidad, ¿quién eres para NO serlo? Eres un hijo e hija de Dios, tu jugar a metas pequeñas no le sirve al mundo.
>
> No hay nada iluminado en reducirse para que otras personas no se sientan inseguras alrededor suyo. Naciste para manifestar la gloria de Dios que está dentro de usted. Y al dejar esa luz brillar, inconscientemente le damos permiso a otros para hacer lo mismo. Al liberarnos de nuestros propios miedos nuestra presencia automáticamente libera a otros:"
>
> A Return to Love de Marianne Williamson.

Alineando su pasión con sus metas

Cuando comience a ceder al principio de la confianza y el fluir natural de la rueda de la vida, comenzará a conectarse con sus recursos más valiosos. Al desarrollar la fe en sí mismo, el universo y el proceso de vida, lo desconocido se vuelve divertido, amistoso, la vida parece manifestarse con una serie de eventos que aparentemente pareciesen casualidades, éstos se llaman **"sincronicidad"**.

La sincronicidad se alinea con su visión de una vida plena de satisfacción. Observe su vida como una serie de ciclos, llevándole a la realización de su propósito esencial.

¿Cuántas veces ha sentido que las cosas no tienen solución y después sale fortalecido? ¿Cuánta energía se malgastó en preocupación, ansiedad y miedo?

Es hora de deslastrarse del sentimiento de auto sabotaje llamado preocupación. Comience a aceptar que el fracaso no existe. Es simplemente una ilusión.

La primera clave para construir su historia heroica de éxito es encontrar su pasión y comenzar a sentir, pensar y actuar en sincronía con su propósito esencial.

Tomar acción significa desarrollar la disciplina de moverse, paso a paso, de forma continua hacia su meta, aún cuando no se sienta con ganas de hacerlo y a pesar del miedo.

Encontrar su pasión requiere que realice una limpieza de su situación actual. Aprenda acerca de cómo está codificado para responder los retos de la vida. Es importante responder las siguientes preguntas:

1. ¿Qué es importante para usted en su vida?

2. ¿En que situaciones, eventos o actividades se siente totalmente inmerso?

3. ¿Qué le emociona?

4. ¿Qué tiene que pasar para que usted se sienta feliz?

5. ¿En el pasado, qué sentimientos le ha hecho perder emoción?

6. ¿Qué tiene que pasar para que usted se sienta de esa manera?

7. ¿Qué está evitando?

8. ¿Por qué?

9. Identifique sus miedos principales.

10. Si supiese que es imposible fallar en cualquier tarea, y tuviese 3 selecciones, ¿cuáles serían?

Dedíquele tiempo a estas preguntas. Escríbalas. Recomiendo que documente sus pensamientos durante este viaje en una Bitácora de CICLO DEL ÉXITO. Tal como lo hace un capitán de una nave, esta bitácora le aclarará sus ideas, podrá ir definiendo el curso en su mapa para validar su progreso y logros. Al escribir estas ideas, irá programando su subconsciente a enfocarse a UNA sola cosa: **La búsqueda del éxito que usted se merece.**

Al definir su situación actual comenzará a notar patrones. Lugares en donde puede estar estancado, avanzando y retrocediendo cíclicamente a través del tiempo. Este viaje tiene como fin romper de una vez por todos esos estados estancados y avanzar hacia el crecimiento.

"Existen dos maneras de vivir su vida. Una es vivir como si nada fuese un milagro. Otra es vivir como si TODO fuese un milagro".

Albert Einstein

Mire las siguientes áreas. Para cada una de ellas, evalúe donde se encuentra en este momento (siendo 1 el nivel más bajo y 10 el nivel más alto):

FINANZAS	1 O 6 O 2 O 7 O 3 O 8 O 4 O 9 O 5 O 10 O	
PROFESIONAL CARRERA	1 O 6 O 2 O 7 O 3 O 8 O 4 O 9 O 5 O 10 O	
DISFRUTE	1 O 6 O 2 O 7 O 3 O 8 O 4 O 9 O 5 O 10 O	
SALUDY VITALIDAD	1 O 6 O 2 O 7 O 3 O 8 O 4 O 9 O 5 O 10 O	
RELACIONES	1 O 6 O 2 O 7 O 3 O 8 O 4 O 9 O 5 O 10 O	
CRECIMIENTO PERSONALY ESPIRITUAL	1 O 6 O 2 O 7 O 3 O 8 O 4 O 9 O 5 O 10 O	
CONTRIBUCION	1 O 6 O 2 O 7 O 3 O 8 O 4 O 9 O 5 O 10 O	

2

El ciclo del la Vida

Sólo cambian las cosas, cuando nosotros cambiamos

AL DISEÑAR las piezas de este trabajo: El CICLO DEL ÉXITO, hice un viaje de investigación a los centros de poder espiritual e intelectual en varios lugares del mundo. En Francia, tuve la oportunidad de visitar la Catedral de Chartres, famosa por la abundancia de símbolos místicos e historia espiritual. Allí uno se encuentra con pozos sin fondo, símbolos milenarios, laberintos de búsqueda interna y misterios en cada esquina.

La rueda de la vida

Durante la edad media, pocas personas podían leer. Esta actividad estaba reservada a una élite. La única forma de recibir cualquier transferencia de conocimiento era ir a las iglesias y catedrales.

La catedral gótica de Chartres es una gigantesca enciclopedia de poder y desarrollo personal. Una de las figuras que me llamó la atención fue la Rueda de la Vida.

La observé en otras catedrales de Europa muchas veces. La rueda describe las emociones de cambio en un formato sencillo.

A través de la observación y las palabras de un guía espiritual, las personas del siglo XII recibían lecciones del proceso de cambio. La rueda es una base para comprender los ciclos de la vida y obtener la paz y certeza necesaria para lograr su CICLO DEL ÉXITO.

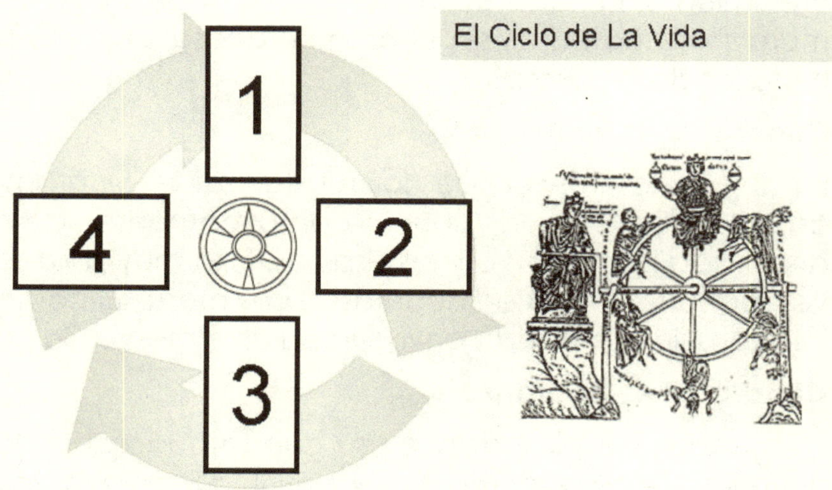

Cuadrante 1: El Rey

En la parte superior de la rueda, en su punto más alto, está sentado un rey. El rey bien vestido con capa, cetro y corona representa la FELICIDAD. Es donde hemos estado en muchos momentos de nuestras vidas y donde siempre quisiéramos estar.

Cuadrante 2: Pérdida

Si se sigue la rueda en dirección de las manecillas del reloj, se observa otra imagen a 45 grados a la derecha. Ahora vemos un figura con ropas rasgadas, aferrado a la rueda, con la cabeza mirando hacia abajo. Es la posición de PÉRDIDA. Interpreto este estado al de cambio repentino, el caos, la pérdida de algo inesperado o un paso que implique riesgo. Es algo normal en el proceso de crecimiento. Inmerso en la simbología de la rueda en esta maravillosa catedral, seguí en mi proceso de descifrar los misterios de la misma.

Cuadrante 3: Sufrimiento

En la parte inferior de la rueda existe una imagen escalofriante: es la figura completamente desnuda, arrastrada por el barro y las espinas. Está muy delgado, se ve que sufre. Pensé en cuántas veces me sentí como esta imagen, sin esperanza, envuelto en un inmenso dolor.

Cuadrante 4: Esperanza

La rueda sigue girando y en su cuarto cuadrante, lo que un reloj definiría como las 9, se llega a otra fase, la ESPERANZA. Aquí la figura esta vestida de nuevo con una túnica de color muy claro, es la posición de esperanza, anticipando de nuevo el estado de FELICIDAD.

Estas cuatro posiciones simbolizan los ciclos que se repiten en su viaje hacia el crecimiento. Cada vez que logre llegar a la cima de la rueda ha expandido su nivel de conciencia, convirtiéndose en una persona más fuerte, más sabia, más capaz. Más cerca del centro donde esta la verdad.

La fuerza detrás de la rueda

Un aspecto de la rueda que llama la atención es la figura femenina en el centro, detrás de la rueda girándola en sentido de las manecillas del reloj. Es una figura mística, angelical que la da energía. Nos muestra que el proceso de cambio, no sólo requiere el esfuerzo por lograr un estado de balance y equilibrio, sino también en creer en esta fuerza mística que usted puede o no llamar Dios.

Esta creencia es la fe. La rueda siempre gira. Cada vez que ocurre el cambio, ya sea voluntario o no, cada vez que sobreviene el caos, una crisis, una pérdida, una separación, nos llenamos de preocupación, ansiedad, miedo, e inseguridad.

Eventualmente, logramos sobreponernos y llega la esperanza que nos renueva de energía optimismo y alegría.

Aceptar el cambio

Esta rueda me corrobora lo que muchos expertos afirman:

No podemos permanecer en estados de FELICIDAD para siempre, pero si podemos dominar cómo respondemos a las experiencias de cambio.

El cambio aparece sin anticiparlo o planificarlo. Acéptelo como un aprendizaje y recuerde que existe una fuerza espiritual girando la rueda hacia la esperanza y el logro. La fe es el motor que gira la rueda.

La vida es un ciclo de eventos donde usted tiene la oportunidad de aprender y fortalecerse o caer en la desesperación. Usted elige como responder a los eventos inesperados.

Sea alguien que todos admiren. Busque las lecciones en todas las experiencias que lo lleven al límite. Usted está en el presente moviéndose hacia adelante, siempre protegido por esa fuerza mística que lo empuja para que pueda crecer hacia un nuevo nivel. Hacia su **CICLO DEL ÉXITO.**

Lecciones de la rueda de la vida:

1. El cambio es una constante.

2. Cada reto le lleva a un nivel superior de conciencia.

3. La fe en una fuerza superior, pone la rueda en movimiento.

4. El sufrimiento no dura para siempre.

5. Siempre existe una manera de avanzar.

Mi propia experiencia con los ciclos de la vida:

En julio de 2002 respondí al llamado a la aventura al decidir mudarme de mi hogar, por 20 años en Caracas, Venezuela ,a la ciudad de Miami, en la Florida. Ya tenía dos años operando entre las dos ciudades y mi empresa consultora de entrenamiento estaba creciendo. Pensé que podría dejar a mis socios y colegas asociados manejando a los clientes de Latinoamérica desde Caracas, mientras seguía en la labor de desarrollo de nuevos programas y clientes en los Estados Unidos.

Estaba en la "cima de la rueda" todo se veía desde mi perspectiva muy bien. Se sentía bien ser el rey. Había pasado por los retos de establecer una firma consultora internacional, formar un equipo de trabajo y obtener reconocimiento de empresas importantes en todo el continente.

Además de esto, cumplía mi sueño personal de viajar por toda Latinoamérica y el Caribe combinando el trabajo de dictar mis seminarios de Xtreme Selling mientras aprovechaba cada día libre para correr olas en las famosas puntas de surf en Centro América, Ecuador, Perú, Tobago y Puerto Rico.

En el tiempo libre escribía más lecciones para fortalecer mis seminarios y conferencias y aprendía de cada evento, de cada encuentro con personas de éxito.

Pensé que la rueda estaba detenida en la cima, que nunca más sentiría la emoción de dolor o sufrimiento. Compré una casa en la zona del Doral Country Club y llevé a mi familia a los Estados Unidos, acompañados de nuestra perrita cocker "CeeCee".

Estaba emocionado y con muchas expectativas de finalmente cumplir con mi meta de vivir el famoso Sueño Americano. Un mes después, se desató el desastre.

El primer golpe vino de mi mejor cliente, una empresa de informática reconocida mundialmente, una de las Fortune 500 a los cuales había diseñado un proceso de certificación en ventas: El Currículo Extreme Selling, para toda Latinoamérica y el Caribe.

En este mundo de negocios tan cambiante y dinámico nunca anticipé las fusiones de empresas. Esta gigantesca empresa fue adquirida por otra más grande para convertirse en una de las empresas más importantes de computación en el mundo.

Lamentablemente, mi cliente fue el adquirido y las estrategias de entrenamiento cambiaron. Mi contacto me dió la noticia. Por el momento, todo entrenamiento quedaba suspendido hasta definir los nuevos lineamientos estratégicos.

Repentinamente, se me cayó 60% del ingreso de mi compañía. Tomé la noticia con resignación y pensé que mis clientes en Venezuela y demás países podrían contribuir al crecimiento mientras incursionaba en el mercado Americano.

Luego llegó el segundo golpe. Un intento de golpe de estado y un paro general que duro meses en Venezuela, llevó a un congelamiento de las transacciones con divisas extranjeras. Quedé sin el acceso a recursos para seguir avanzando. Esta noticia afectó mi capacidad de generar certeza, me estaba poniendo nervioso.

El golpe final fue totalmente inesperado. Mis socios decidieron disolver la compañía, liquidarla y mis consultores se ocuparon de quedarse dictando los seminarios que había diseñado a mis clientes, dejándome completamente afuera. Había perdido en el lapso de un mes a mi compañía, mis clientes y mi paz. **La rueda había girado.**

Fue una época muy dura. Me levantaba temprano a planificar mi día y buscar clientes en una ciudad desconocida. Todavía no conocía bien el sistema de negocios de Estados Unidos y me fue difícil conseguir nuevos clientes. A todas estas, mantener la seguridad de mi familia, una gigantesca hipoteca y la imposibilidad de regresar a recuperar mis clientes me llenaron de incertidumbre.

Una mañana recibí una llamada de una galería reconocida de Lincoln Road, en Miami Beach. El artista pop Romero Britto deseaba conversar conmigo para entrenar y liderar a su fuerza de ventas compuesta por 8 consultores de arte.

La reunión la preparé de forma impecable y creo que le cause una excelente impresión porque me ofreció el cargo de Director de Ventas.

Aquí comencé otro viaje de 4 años conociendo el sector afluente de coleccionistas de arte. El trabajo que realicé me llevó después a contribuir con el éxito de otro artista famoso, el místico expresionista Jamali, que me enseñó acerca del misticismo oriental basado en sus ideas acerca del Budismo, Sufismo y la sabiduría del oriente medio.

También sentí el conflicto entre quedarme a sobrevivir en Estados Unidos dedicándome a actividades que no estaban 100% relacionadas con mi pasión o reconectar con mi trabajo como expositor y coach.

Aprendí conceptos que iniciaron el proyecto del CICLO DEL ÉXITO. Con los conocimientos obtenidos en esta aventura, aprendí más acerca de los procesos de éxito, aproveché las lecciones de Byron Katie, Robin Sharma, Tony Robbins, la Dra. Geanna Cobb y muchos otros exponentes del Poder Personal y Desarrollo Personal.

Al final me encontré de nuevo en mi territorio, con más experiencia y conocimientos, con un mejor dominio de mis inseguridades y temores y con la base establecida para el proyecto que estamos compartiendo en este momento. Aprendí a reconocer que todo lo que me había ocurrido era debido **100% a mis decisiones** y mi sufrimiento se debió a mi manera de percibir y utilizar esa realidad.

Es el punto de partida más importante que he aprendido en el camino de construir una nueva vida. Durante toda esta época de caos siempre conté con el amor y apoyo de mi hijo que en su inocencia llenó siempre el hogar de amor y risas.

Ese fue el motor que hizo girar de nuevo la rueda de la vida. Una vez que se define lo que realmente desea en la vida, la experiencia de la sincronicidad interviene, a veces de forma insólita.

Por más difícil que se vea la situación recuerde, la rueda siempre gira.

Explorando el cambio

Piense acerca de algún cambio que haya ocurrido durante su vida. Algo que lo llevó de un punto A a un punto B. Aprendamos de esta experiencia:

1. ¿Cuál fue el evento?

2. ¿Sucedió repentinamente o fue por etapas?

3. ¿Qué retos tuvo que enfrentar, como se sintió durante ese período?

4. ¿Cómo lo solucionó?

5. ¿Qué aprendió de la experiencia?

"La fe consiste en creer en lo que NO ve;
la recompensa por esto es ver lo que usted cree"

San Agustín

"el éxito consiste en ver la irrealidad en la realidad que éstas percibiendo"

3

El Ciclo del Cambio

"Progresamos porque tenemos la voluntad de cambiar"

Tom Watson, Fundador de IBM

TODOS QUEREMOS algo más en nuestras vidas. Todos soñamos con algo mejor. Queremos creer que somos únicos, especiales y que podemos impactar a los demás con nuestras acciones. En algún momento tuvimos una idea de lo que realmente queríamos hacer.

Muchas personas olvidan sus sueños cuando se venden a la idea de la rutina y los retos de enfrentar una vida mejor. Dejan a un lado sus aspiraciones y se olvidan que tienen todos los recursos, capacidades y energía para alcanzar cualquier cosa que se propongan.

La decisión de ir por el camino del éxito es inmediata. Usted puede decidir y comenzar YA! **Es una decisión libre.**

Todos tenemos la necesidad de crecer, por eso nos hemos preparado en nuestra vida. Por eso estudiamos, buscamos pareja, nos casamos, hacemos planes y logramos metas. Cuando entramos en nuestra zona de confort, nos olvidamos de esta necesidad.

Veamos cómo es el ciclo del cambio:

CRECIMIENTO

NECESIDAD DE CAMBIAR

CREER QUE EL CAMBIO ES POSIBLE

ESTABLECER METAS CLARAS

UTILIZARTU PODER PARA LOGRAR LAS METAS

RECONOCER LOGROS

COMPARTA SUS ÉXITOS

Cuando usted se otorga permiso para soñar de nuevo, empieza a sentir incomodidad en su zona de confort. Ésta es la gasolina que necesita para comenzar a dar el primer paso. Esa asociación de dolor con su situación actual es un impulso. Tiene que QUERER cambiar para poner en funcionamiento los procesos de manifestación de metas.

Al creer que el cambio es posible pondrá en funcionamiento procesos a nivel consciente e inconsciente. Mientras más claro sean sus objetivos, más fuerte se harán estos procesos internos para hacer realidad las imágenes que proyecta como meta.

El Sistema Reticular Activador (SRA)

El SRA, mecanismo del cerebro que no conoce la diferencia entre lo que es real y lo que es imaginario. Al visualizar resultados, el SRA busca las condiciones para hacer de esta imagen una realidad.

Al afirmar, sentir y actuar alineado con nuestros sueños de cambio, este recurso pone en funcionamiento un radar interno que constantemente busca oportunidades, encuentros y resultados.

Esto le permite crear las estrategias y tomar las acciones que le acercaran cada día a su meta. Aun cuando usted duerme, el SRA funciona y cuando se levanta en la mañana siente más energía, más ideas y surgen más sincronicidades.

Observe las señales, refuerce el músculo interno que cree en el universo, colaborando, cooperando, conspirando para que se logre ese cambio. Asocie el máximo placer al cambio planteado, sienta a nivel interno cómo se sentirá al llegar a su destino. Proyecte en su mente una imagen detallada de cómo se verá, qué acciones tomará y mantenga esta llama viva.

Cada vez que sienta que se acercó un paso más. Que logró algún progreso, celebre. Reconozca esos logros y comparta su felicidad con todos los seres que usted ama.

DECIDA YA: Todas las personas que han alcanzado grandes logros en la vida y que llevan una vida plena de satisfacción comenzaron su viaje con una decisión. Una decisión es un planteamiento firme de cortar con cualquier otra opción. Las personas exitosas decidieron en algún momento crucial que no iban a tolerar más ser menos de lo mejor posible.

En estos momentos de decisiones su destino comienza a tomar forma, guiándole a través del ciclo del éxito y enseñándole:

1. Qué hacer.
2. Qué es lo que significan las señales.
3. A qué mantener su enfoque.

El cambio es inmediato desde el momento que usted toma una DECISION. Esto es selección propia, usted es completamente libre y 100% responsable de su situación actual y su resultado deseado.

Manejando el Cambio

El tomar la decisión de cambiar toma tiempo, a veces muchas personas no lo toman porque precisamente NO QUIEREN que las cosas cambien. Esto es la causa de la ansiedad y el stress ya que el cambio es una constante en la vida. Considere lo siguiente:

El ser humano ha habitado el planeta Tierra durante los últimos 50,000 años. Si asumimos ciclos generacionales promedio de 62 años, se obtienen aproximadamente 800 ciclos generacionales en los que . . .

Durante 650 ciclos el hombre ha vivido en las cavernas.

Sólo durante los últimos 70 ciclos ha existido la palabra hablada.

Solamente en el transcurso de los últimos 6 ciclos ha existido la palabra impresa.

Sólo durante los últimos 2 ciclos, ha existido el motor eléctrico.

¡La mayor parte de la tecnología que conocemos ha sido desarrollada durante **nuestra propia generación!**

No solo eso, sino que los nuevos procesos, tecnologías y lineamientos organizacionales, económicos, sociales y políticos están cambiando prácticamente cada semana. Es imposible en éste momento hablar de seguridad laboral. Las empresas se inician, crecen, se fusionan, se liquidan, y desaparecen por causas impredecibles. Con razón vivimos bajo tanta presión, tarde o temprano algo va cambiar.

Como todo está conectado, comenzamos a proyectar el deseo de tener "estabilidad" a nuestras relaciones, con nuestra salud, y cómo naturalmente todo es dinámico, entramos en pánico cuando alucinamos que algo puede afectar nuestra seguridad. Terminamos manifestando aquello que mas tememos. Esto es lo que llamo un *cable pelao*.

La Naturaleza: Su mejor Coach

Tómese unos minutos para mirar el cielo, mirar por la ventana, observe detenidamente. Todo lo que lo rodea constantemente esta cambiando de lugar, esta respirando, está creciendo. El planeta nunca se encuentra en el mismo sitio dos veces, está viajando por el espacio a una velocidad vertiginosa ocupando espacios nuevos cada segundo.

Y todavía nos sorprendemos y nos asustamos cuando algo cambia sorprendentemente. Al resistir la dinámica del cambio creamos un patrón de incertidumbre, lo cual generalmente manifiesta el objeto de tu peor temor. Ya lo estás temiendo, así que ya lo estas viviendo.

Si aceptamos lo que es, si logramos entrar en el momento presente, podemos ver las cosas tal cual son y no peor de lo que son.

La naturaleza nos enseña que todo tiene un fluir natural y que los cambios y el caos es perfecto ya que existe. Es lo que es y punto, resistir a algo porque no está funcionando tal como lo quiere usted es un ticket para el stress.

Como navegar el cambio es tan estresante, buscamos sustituir la paz del presente por ganchos emocionales:

Nos enganchamos del Poder porque pensamos que si lo tenemos no nos dejarán. Manipulamos, engañamos y tratamos a las personas sin respeto. Al final seguimos padeciendo del sufrimiento de no saber lo que va a pasar.

Nos enganchamos de relaciones, no cerrando ciclos, aforrándonos a relaciones toxicas y generando una rutina que tarde o temprano implosiona, dejándonos en una situación de aparente soledad.

Nos enganchamos en la historia, el error del pasado o la preocupación de un futuro que no existe. Repitiendo una película de horror y angustia en nuestro cine interno

Nos enganchamos del dinero, pensando que con cosas vamos a obtener la paz de la estabilidad y la seguridad.

Al final solo son ganchos, evitan que nos caigamos de la cuerda floja de la vida en dinámica de cambio, pero no nos permiten avanzar.

La solución es soltar los ganchos. Entrar a lo que Ekhardt Tolle llama **el ahora**, éste momento, donde no existe pasado ni futuro, disfrutando plenamente de todo lo que ocurre alrededor, sacándole el máximo provecho a lo que tienes en éste momento.

Para esto recomiendo una práctica diaria que yo llamo resetear el sistema, y es simplemente, sentarse a contemplar en silencio las cosas alrededor, sin emitir juicio alguno, solo respirar, y ver lo que hay, notar pensamientos que salen y entran y darse cuenta que todo lo que hay alrededor esta ahí.

La meditación en sus diferentes formas ayuda a enfocar su vida hacia el balance y la paz. Aun cuando usted pueda realizar su propia práctica meditativa diaria a razón de aunque sean 5 minutos, es bueno buscar en su comunidad una práctica dirigida en ésta área. En la búsqueda del éxito y la felicidad, toda herramienta ayuda. Si se siente bien...hazlo!

La práctica de reconocer que tu mente está en blanco, en lugar de creer que está lleno de ideas relaes, es tu primer paso para abrir el camino a un visión apasionante de vida.

Aceptar el cambio significa estar en un estado de alerta pacífica, que permite aceptar lo que sucede y, evaluando diferentes posibilidades, utilizar tus recursos de creatividad, análisis y acción para seguir adelante. Esto permite que "rebotes" de ese estado estancado que te tiene encerrado en tu burbuja de confort, para subir otro peldaño hacia tu Ciclo del Éxito.

"Los cambios generan problemas, los problemas generan soluciones, **las soluciones generan crecimiento**"

4

El Ciclo de las Relaciones

"Sea amable, siempre que sea posible... y siempre es posible"*

El Dalai Lama

USTED ES EL PRODUCTO de todas sus decisiones hasta este momento. El lastre del pasado **sólo existe** si usted se enfoca a él y sigue rescatando sus elementos para interferir en su presente.

Todos tenemos la oportunidad de levantarnos en la mañana con un gigantesco cheque en blanco para hacer de cada día, uno extraordinario.

La dinámica de las relaciones que establezca jugará un rol importante en la creación de su CICLO DEL ÉXITO. Rodearse de personas felices, exitosas y llenas de energía le estimulará a dar lo mejor de sí para llegar al nivel que usted desea. Crear relaciones que potencien su búsqueda de éxito implica que usted viva con altos principios de integridad, honestidad, contribución, y amor por los demás.

Por ley de atracción usted irá construyendo un grupo de apoyo a su proyecto de vida y naturalmente irá eliminando las personas **tóxicas** que pueden robarle su energía.

La creación de relaciones en su CICLO DEL ÉXITO es fundamental ya que:

Usted producirá resultados de acuerdo a las expectativas del grupo que lo rodee.

Que significa esto?

Significa que si, por ejemplo, usted desea ser un excelente escalador, buscará acercarse a grupos de excelentes escaladores, conocerá su idioma, sus tips y sus consejos a los cuales usted también aportará su contribución al grupo a través de sus ideas, su amistad y su energía.

Entre todos se creará una sinergia de posibilidades que naturalmente influirá en la pasión por la cual usted entrena y busca montañas más altas para escalar.

De la misma manera usted en la vida, busque asociarse con personas igual o por encima de su área de confort, acérquese a personas exitosas, personas sabias, pídales consejo, pregúnteles cómo lo lograron y se sorprenderá como estos responderán con alegría a su pregunta.

El éxito deja huellas, y al escuchar las historias del camino que han tomado personas que usted considera exitosas, empezará a ver patrones. Entenderá que las cosas no sólo le suceden a usted sino que si están dadas las circunstancias para lograr lo que sea que se proponga.

Otra ley fundamental de las relaciones:

Cada persona conoce a 250 personas más.

Usted no sabe cómo su energía impactará a esa persona que acaba de conocer, y cómo eso lo puede conectar con otra persona y a otra más, hasta encontrar por sincronicidad, al que jugará un papel importante en el logro de sus metas.

Mis mejores clientes han sido producto de una cadena de excelentes relaciones, unidas por una serie aleatoria de encuentros, referencias y reuniones. Cada conversación con un nuevo aliado debe ser manejado con respeto y amor incondicional por esa persona que tiene al frente. Es su energía que todavía estará presente después de acabada la reunión.

La práctica de **Networking** no es sólo conocer personas e intercambiar tarjetas. Significa interesarse y contribuir al éxito de los demás. De esta forma, el éxito, como un espejo, busca el camino de regreso a usted.

Construir excelentes relaciones

Construir relaciones depende de la calidad de nuestra comunicación, la forma que comunicamos nuestras ideas y la forma que comunicamos que estamos comprendiendo las ideas de los demás. El famoso empresario John D. Rockefeller dijo una vez:

> "La habilidad de conectarse con personas es un recurso más importante que el azúcar o el café. Pagaré más por esta habilidad que cualquier otra cosa bajo el sol".

Comunicarse requiere coraje. Debe salir de su cascarón y aceptar la invitación de conocer gente. Cada día deberá enfocarse a proyectar entusiasmo y alegría. La sociedad se está volviendo cada vez más aislada. Sin embargo, los pocos que han alcanzado logros extraordinarios a nivel profesional, financiero y personal tienen la competencia de construir relaciones saludables y fuertes.

La gente lo llama carisma. Nos gravitamos a esta fuerza.

Comunicar con entusiasmo requiere que usted esté perfectamente alineado con sus pensamientos, emociones y acciones.

No podemos **actuar** a ser apasionantes, debemos sentirlo con nuestras emociones, transmitirlo con nuestro lenguaje y vivirlo con nuestras acciones.

Instituciones prestigiosas como la Fundación Carnegie y la Universidad de Harvard han conducido estudios que concluyen lo siguiente: **15% de nuestro éxito financiero se debe a información técnica. 85% se debe a nuestra habilidad de trabajar con personas de forma exitosa.**

Estar alineado con un enfoque positivo atraerá personas que creen en usted, confían en usted y disfrutan de su compañía.

Aquí ofrezco los pasos para crear relaciones extraordinarias:

1. Cree una poderosa primera impresión. La primera información que recibimos de una persona es la más decisiva en formar nuestra impresión. Nuestra influencia sobre nuestros pensamientos, nuestra apariencia y nuestra energía corporal afectan de forma directa nuestro primer encuentro. Una vez lograda la conexión todo corre fácil. Trate de verse a sí mismo como un extraño y evalué su imagen. Como las relaciones se alimentan de la sincronicidad, nunca sabrá con quien se encontrará. Piénselo antes de salir a la jungla de concreto. En la antigüedad, los caballeros guerreros se vestían de armaduras brillantes antes de salir a la lucha. Vístase con su mejor armadura, invierta en su imagen, véase como usted quiere verse al lograr sus más grandes metas, y ¡hágalo hoy.

2. Conozca su intención. La gente se da cuenta de cuál es su intención. Puede ser positiva o negativa.

La intención positiva se percibe cuando:

a. Se demuestra emoción.

b. Se enfoca en la persona, buscando escuchar primero.

c. Se toma en cuenta los detalles.

d. Se aprecia la información valiosa.

e. Se aprecia genuinamente a la otra persona.

La intención negativa se percibe cuando:

a. Manipula la conversación.

b. Se habla más que escuchar.

c. No se escucha.

d. Utiliza tácticas para presionar.

e. Ignora los sentimientos de las otras personas.

3. Cree rapport. El rapport significa comunicación en armonía. Un estado de compartir cosas en común. En una conversación, usted tiene almacenado en su disco duro infinitos tópicos de conversación, encuentre los archivos que se relacionen más con la situación de la persona. Esto demuestra que usted la aprecia. Compartir sus valores, ofreciendo cumplidos sinceros son características de personas carismáticas.

Cuando las relaciones se nublan por la falta de confianza, los mensajes se distorsionan y se rechazan. Enfóquese a la otra persona. Trate de ver las cosas como lo está viendo el otro. Apártese fuera de sí mismo y preste atención detenidamente a las palabras, y a las pausas entre las palabras. Repita lo que usted comprendió para verificar con la otra persona que escuchó. Se asombrará en la magia producida por un estado de enfoque total a la conversación.

4. Sonría. ¿Por qué? Es bueno para la salud, es divertido, se siente bien, y usted se ve mejor.

5. Comunique amor a los demás. Al escuchar y demostrar su intención positiva a los demás esta enviando una señal silenciosa de aprecio. Lleve ese aprecio a un nuevo nivel, comunique amor. Usted tiene todo el poder decambiar la vida de otra persona. Puede utilizar su tiempo dando lo mejor de sí para crear momentos que seanrecordados con cariño. Sus palabras honestas reflejan el cariño y amor que tiene por sus amigos, familiares, sus colegas y su comunidad. Sea un embajador de la fuerza universal más poderosa del planeta: el amor.

- Dígale a su sobrina de 5 años sin dientes delanteros que es linda.
- Dígale al abuelo de 80 años que te cuente acerca de "aquellos tiempos".
- Sea generosos con los que le sirven, deje buenas propinas.
- Préstele tiempo y sus oídos a amigos en necesidad.
- Recuérdele siempre a sus seres queridos que usted los ama.
- A menudo, salga, observe sus alrededores, admire la naturaleza y en silencio, ofrezca su amor y agradecimiento al universo.

6. Cerrar los ciclos. Como todo, las relaciones llegan a un pico de madurez, declinan, cambian y consiguen su propio camino. Debemos aprender a cerrar los capítulos del pasado y seguir adelante. Mantener la carga de una emoción desempoderante de una relación nociva en el presente no le permitirá progresar. Aprenda a deslastrarse del pasado. Cerrar los ciclos le permite aprender de las relaciones pasadas para que usted crezca como persona.

Agradezca a esa persona por la enseñanza que le dio. De no hacerlo, seguirá pasando por el mismo ciclo una y otra vez hasta que logre cerrar de una vez por todas con la causa. Sólo así podrá crecer y continuar con su viaje hacia su destino final. Su comprensión acerca de cómo y por qué se presentan estos ciclos le ayudará a tomar mejores decisiones acerca de los negocios, la amistad, la espiritualidad y el amor.

Ver el panorama completo de cada relación le permite aprender de esas experiencias para seguir adelante con su propósito esencial. Cuando llegue el momento preciso, encontrará el compañero o compañera ideal, la comunidad ideal, el socio ideal, y los más dignos oponentes posibles que le retarán. Le harán encarar a sus miedos más profundos para que usted pueda seguir aprendiendo y acercarse al próximo ciclo de su vida, viviendo una vida llena de pasión e intensidad: viviendo su CICLO DEL ÉXITO.

El Poder de las Relaciones

Estoy convencido que tú atraes las relaciones y los aliados que necesitas, aprendiendo inclusive, de aquellos que consideras que te pudieron hacer daño; ambos son tus maestros. Es un punto clave en tu camino para alcanzar el éxito ya que todas las personas que conoces en tu vida – hasta aquellos que eran completos extraños – están íntimamente conectados contigo. La idea que estamos independientemente separados es una ilusión. Somos parte de un gigantesco todo, como las células en un cuerpo.

En el campo de los negocios, tus relaciones permitirán mayor ingreso, mejores proyectos, más clientes. En el ámbito personal, abrirán las puertas del perdón y la felicidad. **Somos todos parte de esa gran unidad**, aprendiendo continuamente a ser la mejor versión de nosotros mismos.

Todo negocio, toda oportunidad, toda acción que te lleva un paso mas cerca a tu resultado deseado se debe en gran parte a la calidad de la relación que has generado. La relación que tienes con tu entorno, afecta tus decisiones, la relación que tienes con otros, afecta tu desempeño, inevitablemente, ésta dinámica atrae lo que tienes. En relaciones personales, **tú producirás los resultados de acuerdo a las expectativas del grupo que te rodea.**

Existe entonces un estado mental que permite establecer relaciones potenciadoras. Sin embargo, estamos condicionados por educación, crianza o por efectos de terceros a asociar las siguientes nociones con el establecimiento de relaciones:

1. **No hay que fiarses de extraños**

2. **Nunca sabrás cuándo alguien te va a traicionar**

3. **Miedo a hablar con personas que no conoces.**

4. **Miedo a quedar en ridículo**

5. **Establecer relaciones toma tiempo**

6. **Apegarte a las relaciones termina en dolor cuando la persona se va.**

Esto lo considero un ***"cable pelao"*** (incongruencias entre lo que se desea conscientemente y lo que el inconsciente busca manifestar) dentro del desarrollo hacia la mejor versión de ti. Esto explica porqué un vendedor conscientemente quiere lograr sus metas, sin embargo esta semana "no quiso" llamar a sus clientes por flojera, o porque sentía que no era el momento. Debe establecerse otra alternativa potenciadora: al mantener la estructura y las creencias establecidas arriba, se hace difícil producir resultados, ampliar tu capacidad de negocio y mantener una vida social emocionante.

Entonces, qué hacen aquellas personas que disfrutan de lo que nosotros llamamos éxito en cuanto al desarrollo de relaciones?

Han cambiado su **estado emocional** hacia uno de establecer **sinergia**. Saben que todas las personas son reflejo de sus propios sentimientos y emociones, y ven a las personas tal cual como son. Esto hace que sean más compasivas, mas acopladas con las necesidades de otros y mas abiertos al perdonar y a **servir**.

Esto puede sonar un poco *fumado* para esta nueva edición repotenciada de **El Ciclo del Éxito** pero lo cierto es que las personas de éxito simplemente no le hacen caso al que dirán ni se enganchan con la emoción cuando alguien tiene la intención de herir. Ven a través de esto y mantienen su enfoque dirigido hacia cómo poder servir mejor a su contraparte.

Aquí les ofrezco **6 conceptos claves** para comenzar a establecer un estado mental para crear sinergia en cada relación que encuentres.

Unidad: Otras personas no están separadas de ti. SON lo que tú eres.

Conexión: Tú no creas relaciones porque la relación ya está creada. Solo tienes que sintonizar la conexión preestablecida que ya estaba allí. Existen suficientes clientes potenciales allá afuera, en éste momento, para superar cualquier expectativa de metas que te has establecido.

Cero Riesgo: No hace falta el coraje para establecer contacto con un extraño. Estás reconociendo algo que ya está allí. Acércate a extraños, pide referencias, permite que tu energía llene los espacios de cualquier lugar que vayas.

Igualdad: Un extraño está tan cerca de ti como un gran amigo lo es.

Significado: Todas las relaciones tienen un gran significado en tu vida, hasta los extraños que ves en la calle.

Amor sin Apego: Dejar relaciones nocivas es más fácil si estás incondicionalmente conectado a otros. Al dejar relaciones viejas que ya no te sirven, atraerás relaciones nuevas que son compatibles contigo.

Al aplicar este estado mental para desarrollar relaciones espere obtener los siguientes resultados:

- **Fácil *Rapport* (comunicación en armonía)** – Te conectarás con personas de forma más fácil y fluída.

- **Atracción** – Atraerás a las personas que necesitas atraer y que te acercarán a aquello que buscas.

- **Sincronicidad** – Tendrás mas experiencias de sincronicidad donde por "casualidad" atraerás los aliados y amigos que necesitas encontrar para hacer realidad tu visión de vida.

- **Certeza Social** – Con el sistema de creencias correcto, podrás comenzar un diálogo con cualquier persona y guiar ese diálogo a la conclusión lógica que desean los dos.
- **Relaciones más profundas** – Disfrutarás de relaciones duraderas, donde lo profesional, lo emocional y lo familiar producirán mejores resultados.
- **Energía** – Atraerás relaciones que te llenan de energía en lugar de quitártela.

Si se mantiene este estado de interconectividad, la labor profesional de manejar equipos o de lograr ventas se vuelve mucho más fácil. Después de varios años enseñando técnicas de venta, me di cuenta que el elemento esencial que produce resultados sorprendentes son precisamente éstos elementos que escapan de las técnicas de venta tradicionales. Vivimos en un mundo donde las personas están en busca de algo más trascendentes que cerrar un negocio. En realidad puedes tenerlo todo: cerrar tu negocio y cosechar relaciones potenciadotas que te ayudarán a ser la mejor versión de ti mismo.

La interdependencia es un nivel de conciencia mas elevado que la independencia. Les invito a aprovechar este momento de tu vida para acercarse a todas las personas que han afectado tu presente, a perdonar a los que te han hecho daño y a amar plenamente a todo aquello que compone tu realidad actual.

5
El Ciclo del Poder

LA PREGUNTA que tenemos que hacernos es: si todos nosotros tenemos la capacidad, los recursos y la vitalidad para lograr nuestros sueños, ¿por qué no todos lo hacemos?

¿Qué hacen las personas de éxito para mantener un ciclo ascendente de prosperidad en sus vidas?

La respuesta es: tienen un proceso. Conocen las fórmulas y las aplican. En el CICLO DEL PODER vamos a aprender como pensamos y tomamos acción para tener las bases que nos permitirán modelar este proceso que llamamos El CICLO DEL ÉXITO.

La matriz mental

Todos vivimos en un presente, siendo este presente el resultado de todas nuestras experiencias y decisiones. Cada quien percibe una realidad. Esta realidad, penetra en nuestro ser y de acuerdo a nuestro estado emocional, respondemos de acuerdo a nuestro juicio. Lo que no nos damos cuenta es que esa misma realidad, pasa por un filtro compuesto de nuestros valores, creencias, reglas, experiencias, emociones, e instintos. Este filtro lo llamo La **matriz mental** o *The Matrix*.

De acuerdo a como ese filtro afecta su realidad usted responderá de una manera u otra. Observe la gráfica. Ese proyector o cassette en su mente es el que filtra la realidad. La película es el cúmulo de experiencias y tiene todo una gama de colores.

Su percepción del mundo

Nadie sabe con certeza cómo percibe otra persona la misma realidad que usted ve. Usted ni siquiera puede estar seguro que lo que aprendió a llamar cielo azul es el mismo color que interpreta otra persona viendo el mismo cielo. En su presente, ese filtro puede hacerle responder favorablemente con optimismo una situación o llevarle al estancamiento y la ansiedad.

Las personas de éxito saben cómo **gerenciar su estado emocional** para mantenerse en todo momento alertas, optimistas y disciplinados. Toman las acciones necesarias para cumplir con sus propósitos de vida.

> "El dolor es un fenómeno relativamente objetivo y físico; el sufrimiento viene a ser la resistencia a lo que percibimos. Existen eventos que pueden ocasionar dolor, pero no crean sufrimiento. La resistencia crea sufrimiento. El stress ocurre cuando su mente resiste lo que es ...el único problema en su vida es la resistencia de su mente a la vida tal como se desenvuelve".
>
> *Dan Millman, La práctica del Guerrero Pacífico*

Para proyectar una vida plena de felicidad, tenemos que aprender a visualizar el futuro y desligarnos de todo elemento pasado que limite nuestra experiencia. Todos podemos aspirar a tener bienes, abundancia, amor, y felicidad. Lo que nos limita es el miedo a perseguir esta visión y las ideas limitantes dentro de nuestra matriz mental que dice que no somos capaces.

Identificar las emociones que nos causan estos pensamientos puede desactivar este proceso e impulsarnos a actuar diferente.

¿Cómo sabemos que comprendiendo nuestras emociones podemos modificar nuestro comportamiento?

Si sabemos como opera el cerebro; si vemos cómo es su estructura, nos damos cuenta que todo aquella realidad entra primero por un centro emocional, ese es su primera parada, el cerebro reacciona emocionalmente a eventos externos y luego procesa el evento racionalmente.

Todo este no es un accidente o capricho de la naturaleza. Para sobrevivir como especie tuvimos que crear un mecanismo de defensa. Este diseño de "devora o sea devorado" y sobrevivencia era lo más importante para mantenernos con vida ante la adversidad.

Constantemente, su cerebro busca aquello que le puede hacer daño, para alejarlo del **dolor.** Lamentablemente, el cerebro no ve la diferencia en una agresión física y una agresión al ego. Su cerebro reacciona de igual manera, con las mismas reacciones químicas si percibe que le van a pegar con un bate de baseball tal como si le van a cuestionar su autoridad, hacerle ver como ridículo o hacerle sentir incapaz.

Su cuerpo reaccionará de la misma manera, dirigiendo sus pensamientos hacia correr o luchar. A esto debemos sumar la capacidad de nuestros cerebros de generar emociones. Alegría, tristeza, soledad, ira y amor. Tenemos una inmensa cantidad de emociones que van ligados directamente a nuestra forma de actuar.

Muchas veces actuamos a merced de nuestras emociones, de las reacciones primitivas de nuestro cerebro en contra de un agresor imaginario. Nos inmovilizamos en la presencia de lo desconocido, de los posibles peligros de un futuro incierto. La cantidad de ansiedad producida hace que cada vez más, las personas se alejen de su verdadera pasión.

La única manera de ganarle la partida a su cerebro y permitirles la entrada a su CICLO DEL ÉXITO es cuestionar sus reacciones y evaluar si esa realidad que percibe es realmente una amenaza.

Comenzará a evaluar opciones en lugar de sentirse desamparado. La palabra "inteligencia" significa una selección entre dos opciones. Usted se vuelve "emocionalmente inteligente" cuando aprende a ver que SÍ hay otra forma de reaccionar ante sus problemas.

Al neutralizar las emociones de "correr o luchar" comenzará a hacer contacto con sus infinitos recursos, que le ayudarán a completar su propósito de vida.

Comenzará a vivir con pasión y alegría obteniendo los resultados necesarios para llenarle de vitalidad. Compartirá sus logros con sus seres queridos y esparcirá su alegría con todos los que le rodean.

La certeza

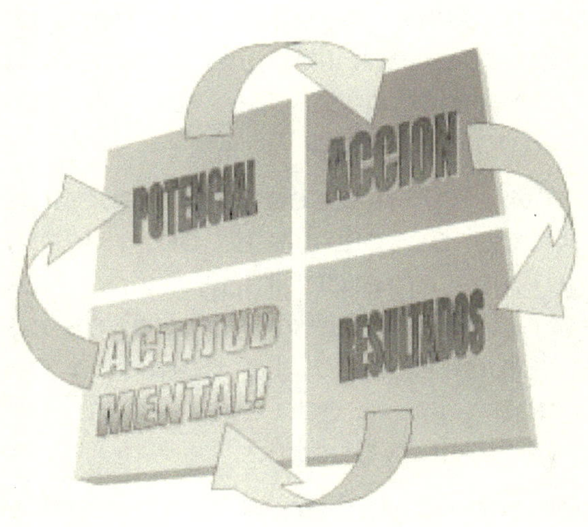

Todos tenemos los recursos para sentirnos completamente potenciados en todo momento. Ese inmenso potencial nos impulsa a tomar acción, y esa acción nos ofrece resultados. Si los resultados son buenos, nos emocionamos, seguimos tomando acción y logrando resultados positivos.

Si los resultados son malos, su actitud mental se enfoca hacia lo negativo y las acciones se vuelven menos contundentes.

El 80% de todo este motor del Ciclo del Poder es la **actitud mental.** Es aquí donde generamos los recursos y la creatividad para tomar acción, y mantenernos en un ciclo ascendente de poder y recursos. Es este elemento que se tiene que saber controlar para llenarnos de la energía necesaria que nos llevará a la cima de nuestro CICLO DEL ÉXITO.

Ese estado de ser indetenible, de saber que vamos a lograr nuestros sueños, de conocer lo que otros no conocen, es el estado de certeza. La certeza es esa emoción de pasión, de alegría que nos llena cuando estamos totalmente inmersos en una actividad donde sabemos que vamos a salir triunfantes.

Todos hemos estado allí, a la hora de un examen importante en la escuela, a la salida de una reunión de negocios, al encontrar nuestra pareja ideal, todos hemos estado en ese estado de euforia, de orgullo por haber logrado algo o completado algo importante para nosotros.

Todo elemento del progreso humano se debe a personas que han actuado bajo el estado de certeza de forma continua.

Cada uno de nosotros controlamos nuestras acciones y nuestros movimientos. La emoción está directamente ligada a la acción.

La certeza es una sumatoria de su corporalidad, sus emociones y sus pensamientos. A veces, los pensamientos negativos engatillan un proceso que generan emociones desempoderantes que se reflejan en una corporalidad de derrota: su mirada se dirige al piso, el respirar es poco profundo, su caminar es lento.

De igual forma si interrumpimos ese patrón de pensamiento y radicalmente movemos nuestro cuerpo de forma fuerte, rápido, empoderado, adoptando una corporalidad de triunfo. Esto desencadenara reacciones a nivel de sistema nervioso que disparara emociones congruentes con ese estado físico.

El resultado es un cambio en su forma de actuar, de sentir y por ley de asociación de su forma de pensar. Usted estará en mejor capacidad de generar ideas, recursos y estrategias para el cumplimiento de la actividades que le llevarán un paso más cerca de su meta.

¿Cuáles son los pasos para mantenernos en certeza?

1. Reconozca cuándo sus pensamientos negativos automáticos le quieren sabotear su camino al éxito.

2. Inmediatamente, cambie su corporalidad radicalmente. Sacúdase de la emoción negativa y conéctese con su corporalidad de fuerza, de valor, de determinación, sienta la fuerza de sus músculos al adoptar una corporalidad de PODER.

3. Piense en momentos donde ha logrado metas importantes, remóntese a situaciones donde se a sentido orgullos de sus metas.

4. Repítase frases que soporten esta nueva corporalidad, controle sus pensamientos con afirmaciones positivas:

a. "Es posible".

b. "Puedo manejar cualquier cosa que me suceda".

c. "Cada día, cada momento, me acerco a mi meta".

e. "Yo creo de mi destino".

5. Conéctese con la nueva emocionalidad.

6. Repita y calibre este proceso las veces que sea necesario hasta que haya roto con el viejo patrón desempoderante.

Elabore su propio ritual para mantenerse en el estado de certeza. Evoque los mantras o afirmaciones que vayan acondicionando todo su ser hacia la vida que usted diseña en su CICLO DEL ÉXITO.

Acuérdese que usted no esta solo en esta tarea. Sus seres queridos están con usted, la fuerza del universo le está dando señales y sincronicidades para demostrarle que usted realmente está diseñando su destino. El mundo se vuelve amistoso cuando usted se entrega a su verdadera pasión. Ya posee las herramientas. Sigamos adelante un paso más.

6
El Ciclo Profesional

Todos tenemos el regalo para libremente tomar decisiones acerca del rumbo de nuestras vidas. Desde ese momento que usted toma la decisión, comienza una serie de eventos desencadenados que lo llevan a un destino alineado con su visión.

Todos tenemos la oportunidad de disfrutar una vida llena de amor, alegría, abundancia, pasión y bienestar. Todos podemos alinear nuestras emociones, pensamientos y acciones a esa vida que sólo usted puede diseñar para sí mismo. Es su verdadero propósito en este planeta, y es grandioso.

El cambio comienza con esa **decisión**. Una verdadera decisión es un **punto de quiebre** con el pasado donde usted afirma que YA BASTA, NO MÁS, SE ACABÓ, y no acepta otra opción que el nuevo rumbo que usted ha marcado.

Todos tenemos la necesidad de crecer, de ser mejores de lo que ya somos. Estamos aquí para producir un trabajo alineado con un propósito único. Tenemos las capacidades, recursos y habilidades para lograrlo y muy adentro de cada uno tenemos un talento.

El crecimiento es su faro, indicándole el camino de lo que necesita hacer y aprender para llegar a su puerto. Todos los eventos de su vida lo han llevado a este momento, en que usted está reflexionando acerca de la posibilidad de lograr cosas extraordinarios, desarrollando el proceso de la manifestación de metas, tal como lo hicieron miles de personas antes de usted.

Como profesional, usted selecciona un rol. Muchas veces con el pasar del tiempo, se pierde la pasión por ese rol y se comienza a cuestionar su verdadera misión como profesional.

Sin embargo, el rol que usted asume le proporciona seguridad y es difícil desligarse de esa seguridad para lanzarse a lo desconocido.

Estamos aquí para producir un trabajo alineado con nuestro verdadero propósito. Todos tenemos talentos y habilidades para lograrlo, la clave de una vida profesional sana es aplicar ese talento en la posición adecuada con nuestras expectativas. Sin embargo, existen muchas personas estancadas en trabajos que no les llenan, llenos de temor de cerrar ciclos, aferrados a la seguridad.

La vida les ofrece señales pero no las ven y terminan invirtiendo años productivos en una actividad que no les llena. Al final, si se dan permiso para soñar y ejecutar un plan estratégico alineado con esa visión, la vida les ofrece la oportunidad de completar ese proyecto de vida, como ha sido el ejemplo de miles de profesionales exitosos que tuvieron el coraje de salir adelante con sus sueños. Aquí tienen un ejemplo clásico de cómo el visualizar y creer en las metas se logran resultados inesperados y extraordinarios:

En febrero de 2002 asistí a una reunión con la compañía **Metro de Caracas**, cuya tecnología y métodos provienen de Francia. Viajé a Caracas a escuchar sus retos y necesidades para implementar un proceso de cambio alineando al grupo a la misión y valores de la empresa.

Allí conocí la historia de José Piñero. Un joven procedente del campo, vino a Caracas con su esposa y dos hijos a vivir en un "ranchito" de cartón y aluminio en las barriadas del cinturón de miseria de Caracas en busca de oportunidades de cambio.

José era un "latonero", un "desabollador", es decir, un artesano en arreglar autos chocados y averiados. Se le dio un puesto en el área de mantenimiento del horario nocturno en el centro de control de los vagones de tren. Aquí, José marcaría la tarjeta a las 6:00 pm hasta las 6:00 am del día siguiente, 6 días a la semana.

Ellos mencionaron que José era un soñador. Insistía ante sus compañeros de trabajo que el se iría a "Chicago" algún día, que sus hijos estudiarían en universidades prestigiosas. Era un personaje jovial, y todos se burlaban de sus sueños. Sin embargo, José insistía colocando fotografías de las ciudades que quería visitar en su locker de trabajo. Su trabajo era impecable, se dedicaba a cada tarea de reparación con pasión, dedicación y excelencia.

La noche del 25 noviembre de 2001, el vagón 381 se separó del tren principal y fue a parar a una pared de contención. Toda la parte delantera del vagón quedó seriamente averiada. No hubo heridos, la responsabilidad del accidente recaería en el supervisor de la noche, el jefe deJosé, el cual decidió señalar a Piñero como responsable del accidente.

Los procedimientos de esta empresa dictan que en la eventualidad de un accidente, el vagón debe ser enviado a Lyon, Francia, para ser reparado, esto le costaría a la empresa alrededor de 300.000 US $. Piñero se ofreció en reparar los daños y así ahorrar los gastos de transporte, a cambio que le permitiesen conservar su trabajo.

El supervisor accedió a esta petición, y José Piñero se abocó, durante las siguientes dos semanas, a reparar el vagón de tren averiado con cuidado y dedicación, utilizando los materiales disponibles, se propuso realizar una labor de amor y precisión. Al cabo de dos semanas daba los toques finales pintando el vagón, terminando su obra maestra.

El gerente de operaciones reportó el incidente a Lyon, y la empresa insistió en enviar un equipo de técnicos para evaluar el trabajo. El equipo tenía la misión de realizar una inspección severa que resultase en el envió del vagón al centro de mantenimiento en Francia, sin embargo, tras un chequeo de 350 puntos, el equipo quedó impresionado por el trabajo.

El equipo francés concluyó que jamás habían visto un trabajo tan bien realizado considerando los recursos disponibles en Caracas. Pidieron conocer el responsable de la reparación del vagón.

Hoy, José Piñero vive con su familia en la ciudad de Lyon, Francia. Es técnico de mantenimiento de Metro Rail y se entrena cada día para ser la mejor versión de sí mismo. Habla francés y sus hijos asisten a una buena escuela. Su esposa prepara pasteles venezolanos los cuales vende en una boulangerie de su vecindario. Quizás no fue Chicago, pero de verdad pudo salir del viejo barrio.

José comenta que él SABIA hacia donde iría su vida, que su fe y su creencia de saber que tendría una vida mejor le permitieron dar lo mejor de si cada día. José continúa soñando.

El conflicto estructural - vértigo mental

El problema es

¿cómo saber que estamos en el camino correcto?

¿cómo sabemos si nuestro camino es el de la pasión?

¿cómo sabemos cuándo comenzar de nuevo y comenzar otro ciclo?

Este problema se acentúa cuando, por un lado, existe una creencia limitante que nos hace estancarnos en nuestro estado actual.

La necesidad por atender la seguridad sobrepasa la necesidad de descubrir nuevas posibilidades. Esto es lo que llaman un conflicto estructural. Yo lo llamo un ***cable pelao.***

Por otro lado, existe el resultado deseado. Ofrece un atractivo de lo que se quiere lograr, también muestra los riesgos y los temores en alcanzarlo. Si las razones por lograr su resultado deseado es más fuerte que el temor a lo desconocido, sus acciones le impulsarán hasta lograr su meta.

Muchas veces, desafortunadamente, estamos atrapados en el medio de este conflicto estructural.

Responda las siguientes preguntas acerca de su situación actual: **(R) su Realidad**

1. ¿Qué beneficios de su situación actual desea conservar?

2. ¿De qué se quiere deshacer?

3. ¿Qué hace falta en este momento para tener paz?

Ahora fíjese en su resultado deseado: su Visión (V), y responda las siguientes

preguntas:

1. **¿Cuál es el beneficio de llegar allí?**
2. **¿Qué desea evitar?**
3. **¿Cuál es el riesgo?**
4. **¿Qué es lo peor que puede pasar si no lo logra?**

Esto le dará una perspectiva de por qué ha dejado las cosas para más tarde. Puede estar atrapado en su zona de confort y por vivir allí, se ha acostumbrado a vivir en un conflicto estructural.

El libro que nunca leyó, el régimen de ejercicios que nunca cumplió, la llamada que tuvo miedo de hacer, el dinero que nunca ahorró.

Somos criaturas de hábito, y para mantenernos en la seguridad de la rutina, nuestra mente desea protegernos de las sorpresas.

A veces sucede que a nivel inconciente, rechazamos cualquier propósito profundo de ser, ya que la mente lo interpreta como una gran responsabilidad y eso significa más trabajo. Como asociamos trabajo con dolor, la mente lo mantiene atrapado en una rutina, restándole la motivación para avanzar. Eso es lo que significa tener un ***cable pelao!***

Lo que debemos internalizar es que al aceptar un propósito de vida alineada con pasión, la actividad no se considera trabajo. La motivación es tal, que desarrollará energía para seguir desempeñando su pasión más allá de lo que normalmente lo hace.

> "No esconda sus talentos, para algo de uso fueron creados, sino, pregúntese de que sirve un reloj de sol en la sombra...".
>
> Benjamín Franklin, el primer millonario americano.

7
El Ciclo Espiritual

Hasta ahora hemos compartido herramientas para determinar dónde estamos, cómo operamos y hacia dónde debemos ir. Existe otra fuerza que puede contribuir enormemente a que su viaje hacia el éxito y la felicidad sea además uno de iluminación.

Durante siglos, grandes pensadores han dedicado sus vidas a validar la existencia de una fuerza superior. En este momento de cambios constantes, el mundo pasa por una apertura espiritual como vehículo para encontrar paz dentro del caos.

Muchos buscan un enfoque hacia la conexión con una fuerza universal capaz de manifestar resultados extraordinarios y de ofrecer apoyo en tiempos difíciles.

Cada persona debe encontrar cómo interviene el ciclo espiritual en su viaje hacia su propósito esencial. Para mí ha sido una larga odisea aprendiendo de autores, maestros, psicólogos, líderes de negocio y celebridades.

Por razones que aparentemente fuesen aleatorias, fui atraído al mundo del entrenamiento de ventas corporativo. Aprendí a hablar a audiencias y descubrir mi pasión por transmitir conocimientos. En el proceso de este aprendizaje cometí muchos errores, decidí emigrar a los

Estados Unidos, quemar las naves y validar los procesos para alcanzar el éxito.

Dentro de toda esta experiencia, hubo siempre una fuerza desconocida que me mantenía aflote, otorgándome lo suficiente para seguir adelante.

El físico Jacobo Grinberg Silverbaum demostró la capacidad que tienen las partículas subatómicas de interactuar a un nivel no local. Esto significa que estas minúsculas fuentes de energía que componen toda materia que le rodea, inclusive el libro que está leyendo, y la materia que vive dentro de usted, posee una fuerza vital propia y puede cambiar a voluntad.

Su cerebro contiene un conjunto denso de partículas subatómicas; **conexiones neurales**. Allí radica su fuente de CREATIVIDAD.

Una vez que decida enfocar su mente para empoderarle en lugar de sabotearle, aprenderá a mantenerse quieto, en paz, en silencio permitiendo una conexión más limpia a esta fuente extraordinaria de creatividad. En éste estado tomará mejores decisiones, y cada acción le llevará un paso más cerca de su meta.

La clave está en alinear sus pensamientos y acciones hacia una meta clara. El Dr Wayne Dyer dice que:

> "Todo radica en su capacidad de mantenerse conectado a esta fuente de creatividad o no".

Parece sencillo, pero sabemos que no es así, constantemente su viaje al éxito le retará con problemas y adversidades. Necesitará apoyarse de una fuerza que le proporcione la paz necesaria para lidiar con estas piedras en el camino. La fe es un componente crucial en su viaje heróico hacia su CICLO DEL ÉXITO.

Vivimos en la sociedad más ruidosa en la historia de la civilización. Nos hemos acostumbrado tanto a éste ruido mental que nos parece normal permanecer conectados a pensamientos automáticos negativos, preocupaciones, predicciones y ansiedades las cuales buscamos aliviar con más ruido mental como la televisión, la radio, las noticias y el consumo.

Esto suma más de 60.000 pensamientos al día. Detrás de estas capas de pensamientos y emociones está la fuente principal de energía. Para llegar a esta fuente espiritual debe desarrollar una disciplina de no pensar. No es fácil, pero éstos son algunos pasos para alcanzar un estado de claridad y enfoque.

Si el pasado es sólo su historia, el futuro es inexistente. Lo único que usted tiene para llevarle a su destino es el momento presente. Cada mañana el universo le ofrece un cheque en blanco de 1.440 minutos para ser utilizado a voluntad. Elección es libre.

Su verdadera fuente de poder, su verdad, o cualquier entidad que usted llama o no Dios, está con usted acompañándole en el momento presente.

Usted posee acceso libre a esta fuente en cualquier momento. Puede lograr amplificar esta conexión a través de diferentes portales.

Se obtiene al alcanzar quietud silenciosa del mundo del pensamiento activo. Esté conciente que el comportamiento compulsivo por mantenerse en el mundo del pensamiento, para sabotear este proceso, es muy fuerte.

Cuenta una leyenda de la mitología, que los dioses crearon la verdad, la fuente de energía ilimitada y se la dieron a los habitantes del mundo. Como el hombre hizo mal uso de esta fuerza, los dioses decidieron esconderla.

Al debatir en donde la esconderían evaluaron las profundidades del océano, el pico más alto, la fosa más profunda, pero siempre llegaron a la conclusión que el hombre por su sed de poder, la encontraría.

Los dioses decidieron lo siguiente:

"esconderemos esta fuerza dentro de cada habitante de la tierra, ellos nunca buscarán dentro de si mismos."

Portales hacia el silencio

Todo comienza por estar quieto, en silencio, aunque sea por unos segundos. Enfóquese a lo primero que le entra en su mente.

Perciba el ruido mental, evalúelo desde lejos. Se sorprenderá de cuantos pensamientos estarán presente en éstos momentos.

En este preciso instante, usted lee, lo cual es una forma en que me estoy comunicando con usted. Su cerebro está convirtiendo estos símbolos que llamamos letras a ideas, produciendo reflexión y emoción. Al mismo tiempo, usted está juzgando, evaluando, evocando experiencias propias y a veces alejándose.

Perder el momento presente para enfocarse a una proyección futura negativa es una pérdida enorme de energía.

Fije su atención en UNA sola cosa. Enfóquese en su respiración.

Simplemente respire y quédese en silencio, quieto. Observe su cuerpo, como se siente, observe su mano en completa quietud.

Quizá se percate de las millones de partículas subatómicas que viven dentro de usted, cada una con su propia fuerza vital.

Este es un vistazo rápido al poder que está dentro de usted, esperando ser canalizado para crear la vida que merece.

Si fuese sólo por unos minutos, el proceso de quietud, meditación, oración y afirmación ha sido una práctica espiritual por miles de años. Su historia dentro del ciclo de la vida ha evolucionado a este momento. La historia continúa desarrollándose pero, desde un punto de vista espiritual, no necesita ser completada.

Cuando se despega de todo lo que usted trata de controlar para alcanzar su meta, las cosas se desenvuelven extraordinariamente bien. La clave en despegarse de una mente propulsado por el ego es desarrollar paciencia.

La paciencia infinita genera resultados inmediatos.

En este estado de paz, de admiración y NO pensamiento es donde la visualización es más efectiva. Visualizar sus metas y sentirlas reales en el momento presente desencadenará un flujo de acciones inteligentes hacia la manifestación de su resultado deseado. También alcanzará mayor agudeza en cuanto a encontrar oportunidades, relaciones y recursos que le ayudarán a su proyecto de vida.

Sienta la fuerza guiándole, observe las señales que le envía el universo cada día. El secreto de disfrutar la vida sin preocupación, sin miedo y sin resentimiento es entregarse al ahora y confiar en una fuerza mayor que le acompaña en todo momento.

Es así de sencillo. El estado natural del ser humano es el de paz y felicidad. Es dentro del desarrollo de la conexión con la mente espiritual donde desatamos el enorme potencial para diseñar nuestro destino.

Practique surfing mental

Los expertos en psicología del deporte utilizan prácticas mentales, tales como la visualización de imágenes para mejorar el desempeño de atletas. Esto se logra recreando una experiencia en el momento actual utilizando la mente como teatro.

Se puede aumentar el impacto de la experiencia incorporando sonido, imágenes, movimiento y aromas. La respuesta emocional es lo que se busca para completar la experiencia sintiendo, actuando y pensando en sincronía con la imagen recreada.

Véase desempeñando la actividad, caminando por las playas de Maui, cobrando el cheque por $100.000,00 o paseando de la mano con la pareja ideal en una noche de luna llena.

Sienta la emoción de esta posibilidad en su momento actual, en el YA.

Existen dos tipos de visualización: interna y externa. La visualización interna es cuando usted se encuentra realizando la acción, percibe y ve la experiencia con sus propios ojos. La visualización externa se logra cuando usted se ve realizando la acción como si estuviese viendo una película de si mismo.

La conexión con una fuerza espiritual detrás, alrededor, dentro y fuera de usted guiándole a través del viaje de la vida le ayudará a manejar los problemas que pudiesen parecer agobiantes. Recuerde que todo se mueve en ciclos y siempre se está cerca de un comienzo o un final.

Dejar los problemas a una fuerza superior que pueda o no llamar Dios le dará una sensación de paz. En ese estado tiene mejor acceso a los recursos necesarios para diseñar soluciones.

Estas prácticas deben realizarse con frecuencia ya que el cerbero no sabe diferenciar lo real de lo imaginario, pero si deja de enviarle imágenes, el cerebro caerá de nuevo en el patrón existente de su zona de confort. Busque estimular su mente con imágenes vivas que lo emocionen a tomar acción.

Actúe como si eso que está deseando ya está presente en su vida y comenzará a ver resultados insólitos que al final se manifestarán como la meta que usted desea.

El Camino Interminable

"En cada etapa de la experiencia humana, cada quién va en su propia búsqueda del santo grial, la forma de vida que desea llevar. En el primer nivel busca satisfacción automática. En un segundo nivel busca un modo de vida cómodo y a esto le sigue una gesta heroica de status, poder y gloria, seguido por la búsqueda de la paz. Cuando finalmente puede vislumbrar esa paz interna en éste mundo incomprensible a través de bienes, placeres o relaciones, se dará cuenta que no es tan fácil, y comenzará a buscar la razón de su existencia. Consigue al final del camino que las respuestas que buscaba no era la que encontró. Cada nivel lo deja perplejo. Al resolver un problema, encontrará otro en su lugar. El camino que encuentra es interminable."

-- Dr. Clare W. Graves

El ganador del Premio Nobel Max Planck, llegó a la siguiente conclusión al estudiar las dinámicas de las partículas subatómicas:

> "Toda materia se origina y existe por virtud de una fuerza... Debemos asumir que tras esta fuerza existe una mente inteligente y conciente. Esta mente es el MATRIX de toda materia".

Los siguientes autores y libros le pueden ayudar en la búsqueda de su paz espiritual:

EL poder de la intención de Dr. Wayne Dyer

El poder del ahora de Ekhardt Tolle

El alquimista de Paolo Coelho

El monje que vendió su Ferrari de Robin Sharma

El ejecutivo surfista (de ésta misma serie)

Retorno al amor de Marianne Williamson

El Guerrero Pacífico de Dan Milman

Amar lo que es de Byron Katie

8

El Ciclo del Exito

Diseñando su mapa

LLEGÓ EL MOMENTO de integrar todo lo que hemos compartido en acción. Vamos a diseñar un futuro extraordinario. Es hora de mirar su viaje por la vida y descubrir el potencial que usted posee; su verdadero propósito.

Si ha seguido el CICLO DEL ÉXITO desde el principio, debe tener claro:

1. Su situación actual (R).

2. Las causas que le impiden avanzar de estados estancados.

3. Las áreas de su vida que realiza con PASIÓN.

4. La necesidad de cambio.

5. La posibilidad de cambio.

6. La creencia de una fuerza que lo ayuda a lograr el cambio.

Este es su momento actual. Es producto de su historia y todas las decisiones que ha tomado en su vida. Usted es el único responsable de los resultados obtenidos en su viaje por la vida.

Desea lograr algo más. Para esto, déjese llevar, regálese el permiso para soñar. El pasado está apunto de cambiar al igual que su futuro. Acepte que ha aprendido las herramientas para ser la mejor versión de usted HOY. Crea en las posibilidades de una hoja limpia y proyecte el destino que usted realmente quiere: su CICLO DEL ÉXITO.

Encontrar su CICLO DEL ÉXITO es encontrar su verdadero propósito.

Esta actividad requiere atención, dedicación y pasión y como todo, es de libre selección. O se hace o no se hace, el tratar no existe. Lo más importante es diseñar su destino alineado con sus sueños, metas y la visión de lo que es más importante en su vida. YA sabe donde está, es hora de definir a dónde se dirige.

El proceso requiere tres reglas bien sencillas:

1. **Entréguese al proceso SOLO.** Como lo han hecho miles de personas antes de usted, este es un trabajo de introspección. Es un proceso solitario, como el héroe de su historia personal, debe aceptar el llamado a la aventura y marcar su rumbo solo. La razón de ésto, además de la oportunidad de pasar momentos de calidad con usted mismo, es que otros podrán desmotivarle o hacerle ver sus percepciones de la realidad. No es porque quieran hacerle daño, sino que temen perderle al usted alcanzar el éxito. Comparta su amor con ellos cuando comience a lograr resultados. Usted se convertirá en una fuente de inspiración para quienes le rodean y podrá ayudarles también.

2. **Póngalo por escrito**. Consiga un cuaderno, un diario o una bitácora personal y vierta todas sus impresiones por escrito. El poder de escribir sus metas es inmenso. Además de dirigir toda su atención a una sola actividad y callar el ruido

mental que lo puede inmovilizar, este proceso lo coloca en una zona de absoluta fluidez mental. Estará documentando su viaje para referirse a él muchas veces. Le recordará de sus éxitos en tiempos difíciles y le dará valor al enfrentar nuevos retos.

3. **Crea**. El universo lo acompaña siempre. Si usted no confía en el poder de la fuerza universal para su viaje por la vida, el universo lo utilizará para el proyecto de vida de otro. Los talentos nunca se pierden. Sus pensamientos, acciones y emociones deben ir juntos en el diseño de su ciclo del éxito. Lo que piensa determina lo que siente, lo que siente afecta lo que cree, lo que cree influye en lo que decide y lo que decide atrae lo que tiene.

Mientras más alto es el riesgo, más alta es la recompensa.

Sus valores. Su código interno

¿Cómo se encuentra equipado para su viaje? Usted ya posee un conjunto de valores y creencias que definen su percepción del mundo. Sus valores son la brújula que marcan el rumbo hacia donde usted se dirige.

> "Valores son cosas, personas, conceptos y sentimientos a los cuales usted le da mayor importancia en su vida. Constituyen su filosofía personal y le proporcionan el máximo sentido de satisfacción, sentimiento de logro y auto realización".
>
> Charles Givens "Superself "

A continuación encontrará una lista de valores, léala, e identifíquese con las que considera mas importantes. Puede agregar elementos a la lista. Seleccione 9 valores que usted cree que son los más importantes para usted y colóquelos por orden de importancia.

Estos son los valores que definen sus pensamientos, acciones y emociones. Sus valores definen el código mental por el cual usted vive. Es su tarea sincerarse en lo que realmente le importa y le apasiona para así alinear sus metas de acuerdo a sus valores.

Por ejemplo, si sus valores mas importantes son:

1. Seguridad

2. Amor

3. Familia

4. Estabilidad

Entonces definirse la meta de dar la vuelta al mundo y explorar civilizaciones lejanas entraría en conflicto con sus valores. Sus valores deberían hacer que su vida sea más placentera, disfrútelas.

Cuando actúa sobre valores personales todo se manifiesta de forma natural. Constantemente, está en la zona de fluidez, logrando resultados y acercándose a sus metas cada día.

Lista de valores

- ☐ Vitalidad
- ☐ Seguridad
- ☐ Reconocimiento
- ☐ Riqueza financiera
- ☐ Amor
- ☐ Alegría
- ☐ Aventura
- ☐ Honestidad
- ☐ Placer
- ☐ Perfección
- ☐ Familia
- ☐ Inteligencia
- ☐ Coraje
- ☐ Salud
- ☐ Paz
- ☐ Respeto
- ☐ Integridad
- ☐ Humor
- ☐ Amistad
- ☐ Libertad
- ☐ Creatividad
- ☐ Poder
- ☐ Espiritualidad
- ☐ Armonía
- ☐ Valentía
- ☐ Sabiduría
- ☐ Éxito

Analice cada valor y coloque por orden de importancia sus 9 valores más importantes:

1. ______________________________
2. ______________________________
3. ______________________________
4. ______________________________
5. ______________________________
6. ______________________________
7. ______________________________
8. ______________________________
9. ______________________________

¿Qué significa cada valor para usted?

¿Qué tiene que suceder en su vida para sentir que está actuando bajo ese valor?

Las respuestas a estas dos preguntas le dirá mucho acerca de sus creencias y reglas por la cual usted vive. Es su código interno.

Sus acciones y decisiones se definen basado en su sistema de valores. Este no es un sistema rígido, usted puede cambiar a medida que aprende y logra resultados. El cambio a veces implica cambios en su código interno. Trate de observar cómo existe dentro de usted armonía entre sus valores.

El control maestro del CICLO DEL ÉXITO

La hoja de metas o control maestro es su mapa personal. Es su oportunidad para pedir, para darse permiso a desatar la luz interior, la que quiere opacar el Matrix, y soñar. Todo logro se debe a personas que una vez tuvieron un sueño, y este es el momento suyo, es único, aférrese a él.

Existe una vieja fábula de un hombre que llega a las puertas del cielo. San Pedro lo deja entrar, por supuesto, y al atravesar los portales, logra ver un inmenso centro de almacenamiento, como aquel que aparece al final de la película Cazadores del Arca Perdida. El almacén está lleno de bienes, carros, lanchas, yates, aviones, títulos de propiedad, maletines llenas de dinero en efectivo, joyas, todas envueltas listas para ser enviadas. En fin, el hombre le pregunta a San Pedro: "oye, ¿de qué se trata todo esto?, la gente en la tierra los necesita más que nosotros acá, ¿no?". A lo que el Santo Guardián responde: "Eso, son regalos listos para la entrega, siempre están y estuvieron a la disposición, pero lamentablemente, nadie se ocupó de pedirlos, así que aquí permanecen."

Su hoja de Control Maestro: es su oportunidad de pedir.

Paso 1

El primer paso es el de tomarse el tiempo y escribir sus metas. Escribir las metas tiene un efecto poderoso sobre el **Sistema Reticular Activador**, logra un enfoque total, tenga en cuenta que su ego tratará de disuadirlo, buscando otras cosas que hacer, persista y complete esta parte del ejercicio a cabalidad. Recuerde que está utilizando su imaginación que es su recurso más poderoso.

El mismo Einstein estaba de acuerdo que la imaginación es más poderoso que el conocimiento. No hay límites en este paso, busque un lugar calmado, donde no se le interrumpa. Es tiempo para soñar... Cada posibilidad, cada meta deberá ser escrita con la mayor cantidad de detalles posible. Tómese su tiempo, sienta la energía de la fuerza universal al escribir lo que primero le viene a la mente, lo que verdaderamente quiere y desea. La vida que usted quiere, su imagen, sus bienes, sus relaciones, sus viajes, su hogar, escriba con pasión, es tiempo de reclamar aquello que el temor le secuestró: **el permiso para ver la vida a través de su verdadera fuerza vital.**

Para ayudarle en ésta área, he definido siete áreas clave:

Profesional y carrera: Metas acerca de su profesión, su carrera, su negocio, o su fuente de ingreso. ¿Dónde desea estar en su trabajo? ¿Qué tipo de competencias desea desarrollar? ¿Quiere comenzar una nueva carrera? ¿Siente que no está entregando sus talentos a su trabajo actual? Si es así, no permita que un factor externo le robe su libertad de escoger. Describa cómo desea ser visto por sus seres queridos. ¿Existe algún estudio profesional que desea completar? ¿Hay un expositor o mentor que desea conocer? Estas preguntas están diseñadas para estimular su creatividad. Visualice cómo se verá al alcanzar estas metas. Véase en el punto más alto y reconocido de su área de interés. Imagínese cómo se verá, cómo se vestirá, cómo actuará y cómo se sentirá al escribir acerca de sus logros profesionales.

Relaciones: Esta área corresponde a su visión de su círculo íntimo. Con quién desea relacionarse, cómo desea que sean sus relaciones con sus amigos, colegas, asociados. Describa su pareja ideal, ¿cómo desea que le trate? ¿Qué hará usted para ser la mejor pareja del mundo? ¿Cómo visualiza su familia, sus hijos, sus nietos, cómo desea ser recordado? ¿Cuánta pasión y cuánto amor está por dar para crear una vida extraordinaria donde usted es fuente de inspiración a otros? Si tiene problemas en alguna relación actual, ¿qué va hacer para tomar ese primer paso que le impide perdonar, reconstruir o cerrar ciclos en paz y armonía?

Finanzas: Esta es un área muy crítica, ya que muchos se volverán escépticos y le harán caso a la voz del ego. Se dice que Jim Carrey, el famoso comediante, se sentaba en la colina que da a Hollywood y se visualizaba siendo un actor reconocido. Hizo un cheque por cinco millones de dólares y escribió en el memo: Por servicios profesionales prestados. Tome un salto de fe y escriba en números exactos la cantidad de dinero que desea generar en uno, tres, cinco y diez años. ¿Qué deudas desea eliminar? Visualice en detalle esa cantidad en su estado de cuenta bancario. Debe confiar en el poder de la intención de su mente subconsciente para poner en marcha los mecanismos de manifestación de esta realidad. Jim Carrey vio manifestar esa realidad cuando recibió la cantidad de cinco millones de dólares por actuar en Ace Ventura.

Diversión: Es momento de dejar rienda suelta a su imaginación. Esta es su carta personal a San Nicolás. Déjese llevar y escriba cada objeto, juguete, viaje o actividad que desea realizar o tener (carros, botes, aviones, aparatos electrónicos, arte, viajes, la lista no termina). ¿Desea escalar el monte Kilimanjaro o llegar a la base del Everest? ¿Visitar el Museo de Louvre en París? ¿Surfear las olas de Namotu en Fiji? ¿Desea un auto Mercedes Benz último modelo? ¿Un televisor de última línea? ¿Una villa de playa en una isla tropical? Recuerde que esta actividad en manejo de metas entrena su mente para aceptar las posibilidades de manera que usted genere los recursos necesarios para alcanzarlas. Está borrando el programa "no se puede" de su bio computadora personal y sustituyéndola por un un programa de "es posible". Esta práctica es el secreto de miles de personas exitosas alrededor del mundo.

Salud y vitalidad: ¿Cómo se quiere sentir y ver físicamente? Esta área tiene que ver con su salud y su nivel de energía vital. ¿Existe algún aspecto de su apariencia física que desea cambiar? Los cambios generados por los avances en la medicina nos han extendido la expectativa de vida. Ya 40 años no significa mediana edad y muchas personas comienzan nuevas carreras y nuevos proyectos después de los 50 años. Para eso hace falta un estado físico adecuado. ¿Existe un deporte o alguna actividad que ha dejado de practicar? ¿Existe un gimnasio o club al cual desea pertencer? Visualícese en un ambiente natural, rodeado de caídas de agua, y abundante vegetación, véase a si mismo en condiciones físicas óptimas, ESE es su verdadero ser, el cual comenzará a manifestar hoy.

Personal: Cualquier interés personal que usted tenga. ¿Desea aprender una nueva destreza (arte, cocina, artes marciales, buceo, alpinismo)? ¿Saltar en bungie? ¿Existe un libro que desea leer? ¿Una mejora que hacer en su vida, su casa? Piense en si mismo y sea egoísta. Este es el momento de desear lo que usted quiere de verdad.

Contribución: Piense lo siguiente, si tuviese todos los recursos a su disposición, ¿qué daría a su mundo para mejorarlo? ¿Existe alguna institución, causa, o posición noble a la cual usted dedicaría tiempo y recursos? Una beca para niños en condición de pobreza critica. Una fundación para la cura de una enfermedad. Una iglesia que desea construir. Una obra para embellecer su comunidad. ¿A quién desea ayudar? ¿Por qué?

Paso 2

Ahora revise su lista y seleccione aquellas cosas que desea obtener en el próximo año. Busque las metas que están alineadas con sus valores. Estas metas deberán tener un significado importante para usted. Deben ser reales, específicas y se deberá poder medir su progreso a través de los próximos doce meses. Deben contener suficiente fuerza para despertar su pasión e inspirarle a levantarse cada mañana energía y dinamismo.

Paso 3

De las metas que desea lograr a un año, seleccione UNA sola para cada área. Transfiera esas metas a la Hoja de control maestro y ahora piense en el ¿por qué. ¿Por qué es importante para usted lograr esas metas? Conéctese con la emoción de saber que usted se merece estas metas dentro de su vida y existen razones sólidas por las cuáles las está estableciendo hoy. Tal como lo hizo el personaje de Scrooge en Un cuento de Navidad de Charles Dickens, identifique qué sucederá si sigue en el mismo patrón que ha mantenido durante todos estos años.

Paso 4

Es muy importante definir no sólo el QUÉ desea, sino también POR QUÉ es importante para usted lograr su meta. Su cerebro buscará completar la imagen mental si asocia PLACER con el logro de cualquier cosa que usted desee. Por eso es importante definir cuán importante es para usted lo que se ha planteado como meta. Es parte de este poderoso proceso. Complete en detalle el siguiente formato. Siéntase libre de ser creativo. Busque fotografías que ilustren sus metas y póngalas en un lugar visible donde las pueda ver todos los días.

Lo que Quiere	Por qué es esto importante para usted?	Fecha
Finanzas: Dinero, Inversiones, Salarios, Bonos, Banco.		
Carrera/Negocios: Su empleo, sus ventas, su negocio, su carrera, sus estudios		
Salud/Vitalidad/Imagen: Su condición física, Alimentación, Apariencia.		
Disfrute: Artículos para su disfrute, viajes, vehículos, salidas, hobbies.		
Relaciones: Familia, Amigos, Socios, Pareja, Romance, Amor.		
Crecimiento Personal y Espiritual: Paz Interna, Cursos, Libros, Intereses.		
Contribución/Dejar un Legado: Donaciones, Ayuda a Otros, Colaboración		

Paso 5

Todas las semanas acérquese a la meta. Utilíce esta hoja para ayudarle a monitorear su progreso cada semana. Recuerde la ley de la **Inercia:** Todo aquello que está en movimiento permanece en movimiento.

NO importa cuán insignificante considere la acción tomada para acercarse a su meta, si está avanzando, se está acercando.

Propósito y ejecución

> "Una cosa es conocer el camino, otra es recorrerlo" * Morfeo, de la película The Matrix

Este ha sido un ejercicio exhaustivo de los puntos clave que desea lograr en su vida. Cada una de las áreas forma parte de un ser completo, y deberá tener esto en cuenta para sentir progreso einercia. Una vez completada su Plan Maestro realícese la siguiente pregunta:

¿Qué tipo de persona, es aquella que logra todo lo que estas extraordinarias metas?

La respuesta a ésta pregunta le acercará a la definición de su PROPÓSITO, ese propósito esencial será su norte por el cual usted podrá identificarse y lograr certeza cuando el camino se vuelva duro.

Ejemplo de propósito:

□ Ser una persona vibrante y dinámica, que ama la vida y es una fuente de inspiración para los demás.

□ Ser un padre extraordinario y un pilar de seguridad y bienestar para los demás.

□ Contribuir a la sociedad con mis talentos y energía.

□ Ser una profesional íntegra y proveer a mi familia de un piso para construir un futuro provechoso.

Usted tendrá que buscar su creatividad y definir este propósito el cual englobará todas las cualidades que usted ya tiene, pero comenzará a sacar a relucir.

Planificar y realizar el mapa del CICLO DEL ÉXITO es una tarea interesante. Descubrirá sus puntos débiles y como usted ha seguido patrones que lo podrían haberle estancado. Ahora sabe a dónde se dirige y es su responsabilidad ejecutar su plan. Esto requerirá de usted disciplina y motivación.

Ejecutar su CICLO DEL ÉXITO requiere que busque la comodidad dentro de la incomodidad. Muchas personas se conforman con sentirse cómodas dentro de su burbuja de confort, evitando los riesgos o el trabajo que se requiere para crecer. Es más cómodo quedarse en casa y ver a Laura en América por televisión mientras se come una bolsa de cheetos, que salir a enfrentar la realidad de ser la mejor persona que puede llegar a ser hoy.

Pregúntese, ¿estoy utilizando este día de forma extraordinaria?

¿Estoy permitiendo al universo que conspire conmigo para llegar a ser todo lo que deseo?

¿Estoy alineado con mi propósito esencial pidiendo firmemente al universo que me ayude a crear un día extraordinario?

El CICLO DEL ÉXITO no es un simple ejercicio, se convierte en un estilo de vida muy personal, donde las señales se manifiestan todos los días, donde los fracasos se convierten en una ilusión que le guían hacia la cristalización de su meta. En lo personal, he visto cómo esta tecnología ha moldeado mi vida, llevándome a más de 20 países, recorriendo diferentes plataformas, en las salas de conferencia de empresas Fortune 500 y en las casas de homeless en los Estados Unidos.

Viví experiencias donde la rueda giró 180 grados. Hubo oportunidades donde perdí mi pasión, mi trabajo y mi familia, pero seguí adelante, haciendo el esfuerzo por generar certeza, y aprendí la lección más grande dentro del área del desarrollo: La rueda gira, por una fuerza que todos llevamos dentro –**la fuerza del amor.**

Cuando el amor entra en la ecuación de las competencias y fórmulas para lograr metas, no existen límites a lo que puede lograr. Esta es su oportunidad de cambiar y ser un héroe. Espero compartir con usted pronto en algún encuentro o seminario. Mientras tanto, apunte alto, con pasión y permita que sus deseos se manifiesten cada día.

Su futuro es su presente.

Acelere lo inevitable...

www.ingramcontent.com/pod-product-compliance
Lightning Source LLC
LaVergne TN
LVHW050936080826
845145LV00004B/1291

* 9 7 8 0 6 1 5 2 1 1 7 0 1 *